Laurenz Hildebrandt – Unter der Eiche

Laurenz Hildebrandt

Unter der Eiche

2009

© Laurenz Hildebrandt (2002-2004)

Verlag: Books on Demand GmbH, Norderstedt

ISBN 978-3-8391-2670-7

Inhalt

Für Uschi
und die Göttin der Nacht,
die ich auch in Dir fand

Unter der Eiche

Ich stand dort als Mann und als Frau
In uralter Zeit
Ich stand und beschaute die Welt.
Ich reckte als Baum meine Glieder empor
Und streckte mich weit
Und wurzelte tief.
Ich trank aus dem Brunnen der Erde.
So sank ich nach unten
Und reichte nach oben
Und träumte mich selbst.

Da trat ich heraus
Als Mann und als Frau
Und eilte gen Norden und Süden,
Gen Westen und Osten.
Da sah ich mich vierfältig und wurde gewahr:
Als Mann und als Frau,
Als Richtung und Form.

Ich trat an die Wasser und brach mich in Farben,
mich trug der Wind als vielfältiger Same,
verschmolz mit der Erde in tausendfacher Gestalt.
Ich ging durch das Feuer und kehrte lohend zurück.

So dehnt' ich mich aus
Als Mann und als Frau,
Als Richtung und Form
Im Schiff der wallenden Elemente.

Und wieder träumte mir der Welt inniges Bild,
Es öffnet sich Stein und Kristall,
Sonne und Mond senden ihren Klang,
Planeten und Sterne stimmen ihren Gesang.
Und hinter Milchstrassen und Galaxien
Vernehme ich mein Antlitz
Als strahlenden Klang aus meinem Herzen.

Und spüre mich als Mann und als Frau,
Als Kind und Geworden,
Als Welt und als ICH,
Als Weg und als Ziel.

Das Leid-Lied

Ich habe getrunken das Leid
Und die Einsamkeit der Lust,
Freude und Schmerz von Verschmelzung und
Trennung.
Ich genas an der Lust und an der Liebe,
Vergaß mich auch in den Grenzen.

Ich zerschnitt und suchte die Einheit.
Ich war eins und suchte das schaffende Ich.
Und hätte ich alles begleitet
Wie Ebbe und Flut,
Ich hätte mich immer gefunden als Meer.
Doch ich war Welle, war Tropfen, war Gischt
Und sturmgepeitschte Brandung.
Gewonnen habe ich mich in den Untiefen,
in Bewegtheit, Kraft und in Einzelheit.
Ein Tosen und Brausen ist meine Melodie,
die durch mich lebt,
Zartheit mein Rhythmus, aus der ich lebe.
Ein Strom verbindet mich mit allem,
wissend im Nichtwissen.
Jede Welle erschließt mich neu
Und zeigt mir mein Innerstes.
Und so tanze ich im wissenden Unwissen
Und liebender Gewissheit dem
Unendlichen Horizont entgegen.

Mitte

Oh Schmerz der Trennung,
wie groß kündest Du von Liebe.
Oh Weichheit und Härte,
wie liebe ich Euer Wechselspiel.
Geboren aus dem Schoß der Unendlichkeit
Im Rhythmus des Alls
Klingt ihr in meinem Herzen.

Erde

Töne fliegen
Fliegen wie von weit
Lassen ahnen Ewigkeit.
Blütenbahnen,
Groß und breit,
Bilden in der Zeit
Grenzenlosigkeit.
Farben siegen,
Lassen Licht und Schatten
Voller Freudigkeit
Abgrundtief ermatten.
Rhythmen klingen,
Tanzen, stampfen, singen,
Hallen in den Knochen wieder.
Felsen stehen tosend,
Wellen sie umkosend,
Singend ihre Lieder.

Narben

Quälend stehen Narben
Wie gespitzte Berge von mir ab.
Einsam darf ich darben
Bin mir selbst mein Grab.

Ja, in weite Ferne rückt mir jede Hand;
Denn wie dunkle Wolken ziehen über Land
So wird mir jegliche Berührung
Erinnerung an meine Lebensführung.

Wie mit Narbenaugen seh' ich nun die Welt
Vermisse Liebe um mich her.
Alles Draußen ist mir jetzt vergällt
Nur das Innen zählt jetzt mehr.

Ach könnt' ich einen weichen Blick nach draußen
senden
Daß er wie Liebkosen alle Welt beglückt!
Es würde all mein Schicksal wenden,
Das mich auf die Erde drückt.

Buche

Wie ich unter meiner Buche stehe
Und blicke in der Blätter wunderbarer Form
Ein schützend Fächer breitet sich um mich
Es tanzen Blätter leis im Wind,
Es spielen Lichter, Farben, Formen.

Da schau' ich in die Zwischenräume
Und werd' des Lichts gewahr,
das mich erkennen lässt
der Blätter zarten Wuchs.

Es strahlt durch diesen Zwischenraum,
da blüht und gleißt mir erst der Baum.
Wie eine Melodie verhallt in Stille,
aus der der Klang entstand.

Fels

Umschlossen von Felsen bin ich Stein.
Risse und Furchen zeigen mein Werden,
sprengen will die Kraft von tausend Pferden
mein Sein als Stein.

Ich bin Fels im zeitlosen Meer
Ruhender Pol in der Brandung.
Ich bin Spiegel deiner Wellen, die sich erhoben
Und küsse dein Fallen ohne Landung.
Du Spiegel meiner Kraft, ich will dich loben,
Du Weichheit, Du Härte, ich will dich missen
                          nimmermehr.

Geliebter Stein

Du glühst von innen
In verschlossener Pracht
Und zeigst von drinnen
Aus scheinbar finstrer Nacht
Der Erde Lebensschein.

Fliegender Vogel

Du nistest im Fels und auf Bäumen
Zwei Welten durchquerst du immerfort
Himmel und Erde sind dein Ort.
So lebst Du in meinen Träumen
Und strahlst in meiner Gebärde.

Et in Arcadia ego*

Liegend am arkadischen Strand
Versunken im Anblick des Meeres
Versunken im Anblick der Berge
Bewege ich mich im Rhythmus
Hochragender atmender Wellen.

Liegend am Grunde des Meeres
Sprechend mit den Göttern
Ahnend die Jahrtausende,
Die da waren und die da kommen.
Sie steigen empor und versinken
Und ich bleibe am Grunde des Meeres.

Und wie ich mit den Göttern Zwiesprache halte,
Da stell' ich vom Strand her die Frage,
Wo sich mein Leben befände.
Und immer, so darf ich's verkünden,
Wird Antwort erteilt.

*) „Auch ich bin in Arkadien geboren", dem Land der mythischen Götter Griechenlands. Inschrift auf dem Bild N. Poissons (1594-1665) von arkadischen Hirten, das in Zusammenhang mit der geheimnisvollen Kirche in Rennes-le-Chateau Berühmtheit erlangte und von Fr. Schiller verwendet wird.

Wer bin ich?

Trunken, wild und ungezähmt
Will mein Herz, mein Körper springen.
Doch die Menschen blicken wie gelähmt,
Wenn der Freude bodenloses Klingen
Wie ein Sturm durch ihre Stube fährt.

Böden zittern,
Fenster klirren,
Aschfahl krampft die Hand,
Lauschend drückt das Ohr die Wand...
Unerkannt von welcher Seite,
Ungeahnt aus welcher Weite
Dieser Sturm die Kräfte lenkt.

Alles schien geregelt und gebannt
Durch die Analysen tausendfach erkannt,
Dass Natur die Tote sei –
ob Baum, ob Stern, ob Körper, das ist einerlei.

Deren Herrschaft zu erstreben,
Ja zu töten deren Leben,
Neu zu schaffen nach dem eig'nen Ebenbilde
Klar und hart und ohne Milde
Suchten wir mit Kirch' und Wissenschaft,
Auszudorren jeden Lebenssaft,
Zu erschaffen eine neue Welt:
Sünde spielt sich in den Sinnen ab,
Die der Geist jetzt fliehen mag.

Geist lebt nur in dieser Abstraktion.
Endlich frei von allen Sinnen
Aller Schuld und aller Liebe,
Endlich Gott sein und gewinnen,
Wenn auch auf die Art der Diebe.

Böden zittern,
Fenster klirren,
Aschfahl krampft die Hand,
Lauschend drückt das Ohr die Wand...
Unerkannt von welcher Seite,
Ungeahnt aus welcher Weite
Dieser Sturm die Kräfte lenkt.

Aus dem Innern droht die Kraft,
Die wie wilder Lebenssaft
Ihren Namen nennt:
Seele heiß ich und verbinde
Wahren Geist und wahre Welt,
Eile schneller als die Winde
Von der Zeit zur Ewigkeit,
Küsse Leben, küsse Erde
Küsse Licht und auch die Nacht,
Die mich in die Welt gebracht.

Seele bin ich, leb in jeder Zelle
Schalt und walte über allen.
Treibe an die Wissenschaft,
Hoch zu steigen, tief zu fallen:
Denn in jedem ihrer Apparate,
Da sie wähnet ihre Meisterschaft,
zünde ich die Kerze an,
die ihr eignes Grab bald schafft.

Und sie tüftelt an Prothesen,
Um von Krankheit zu genesen
Mühsam, wie's ihr eig'ner Gott befahl.
Und es wär' so leicht gewesen:

Seele, Körper, Sinn - alles sein nach Wahl,
Wie's der eigene Traum schon sah,
Als ich **nicht** gespalten war.
Ach mein Körper-Geist,
Der du alles weißt.
Der du tanzt und sprichst mit allen Welten
Heilst mit Worten, Klang und Zahlen,
Der du blühst in allen meinen Herzensschalen
Ach wie hört ich dich so selten!

Trunken, wild und ungezähmt
Wird mein Herz, mein Körper singen.
Eine Melodie noch ungehört:
Von rosenhafter weicher Helle,
Ein Rhythmus, der betört
Aus der Weite großer Wasserfälle,
Tanz der Glieder voller Pracht
Aus dem Klang der tiefsten, dunklen Nacht.
Geist bist Wille, Fleisch bist weise!
Wohlan! So geht meine Reise!

Im Wald

Es weben die Fichten und Tannen
Dunkles, um Lichtes zu bannen.
Sie weben bei Tag und bei Nacht,
Sie flüstern ganz leise, ganz sacht
Das Lied vom Licht und den Schatten.
Und voll Eifer und ohne Ermatten
Fliegen flirrend die Nadeln
Geschwind und ohne zu tadeln
Ziehend den silbernen Faden
Durchs goldene Licht,
Um damit aufzuladen
Der Weltenmutter Nacht-Gesicht.

Nacht

Wenn der Fledermäuse Tanz beginnt,
Tönen Klänge, die kein menschlich Ohr gehört.
Wenn das Licht des letzten Sonnenstrahls
verrinnt,
Schau ich Bilder ganz betört,
Die die Dunkelheit mir schenkt.

Wie aus tiefen Wassern steigen
Unbekannte Bilder, Länder auf,
Führen mich in ihren Reigen
Nehmen mich in ihren Lauf.
Alles was in mir gesunken,
Halt ich voller Liebe in der Hand.
Alles was noch nicht geboren,
Wird mir überreicht als Pfand.

Wenn der Fledermäuse Schrei verrinnt
Und der erste Sonnenstrahl beginnt
Blick ich auf Geschenke nieder,
Die die Nacht mir übergab,
Um sie Tag für Tag und immer wieder
Darzubieten dieser Welt,
Dass das Taglicht sie erhellt.

Immer kehr ich zu Dir nieder,
Nacht, die alle Sonnen Du umarmst,
Rhythmus aller Helligkeit,
Klang der Liebe und der Lieder,
Sprichst von Leben, Tod und Ewigkeit.

Wir waren Kinder

Wir sind gekommen voll Würde
In gleißender Pracht als Kinder
Und gehen voller Last und Bürde
Als wären wir eine Herde Rinder.

Einst waren wir mächtig.
Um uns tanzte alle Fähigkeit,
Wir verstanden alles prächtig:
Die Liebe, die Engel, die Eltern und die Ewigkeit.

Wir hofften und sehnten,
dass unsere Glieder sich dehnten,
um unsere Größe zu bergen,
und unser Körper von Zwergen
das Universum enthielte.

Beschneidend unsere zehntausend Gesichte
Bis eines nur übrig bleibt.
Das ist unserer Kindheit Geschichte,
So wird uns Wahrnehmung einverleibt.

Jeder Schnitt bringt neue Last,
Jede Last bringt neue Hast,
Jeder Schnitt bringt neue Wunden
Und Nachwachsendes wird gebunden.

Endlich wenn der eine Blick vollendet
Und kein Licht die Welt mehr blendet
- Leeres All und toter Baum -,
kommt das abgeschnittne Leben nachts im
Traum.

Tags der Blick durch glattgeschliffne Instrumente
Nachts des Nachtmahrs dunkle Argumente.
Langsam zieht nun diese Lebensweise
Auch den Körper mit auf seine Reise.
Stechen, Ziehen und Beschwerden
Auch der Körper kann nicht glücklich werden.

Und an des Lebens Ende
Beginnt die große Wende:
zu tragen das Alter mit Würde
wissend um so viel sinnlose Bürde.

Anovaoo'oh

Lange wollte der Ruf nicht verhallen
Anovaoo`oh!
Lange wollte der Schmerz nicht vergehen
Anovaoo`oh!
Als Du hoch oben in den Wäldern gestanden
Und ich in die Täler der Zukunft ging.

Harzene Tränen rannen die Zeit hinab,
Wiegten sich Äonen im Meer,
Ehe ich Dich wiederfand
In den Farben Deiner Augen:

Augen, so braun und grün wie die hohen Wälder,
Bernsteinfarben wie Wonne, Schmerz und Ewigkeit,
Blau gerändert vom Wiegen im Meer.
Augen, so tief bis hinter die Horizonte.

Da sah ich Dich:
Du kreisender Falke über meinem irdischen Pfad,
Du Bernstein in meinem wogenden Meer,
Du rauschend–verspielte Brandung an meinem
                              Felsen.

Und als ich Dich fand als ewig begleitende
                              Sehnsucht,
Schwester, Geliebte, Seele –
Da fand ich Dich ganz in mir
und mich in Deinem ewigen Strom.
Da tratest Du in gleißendem Licht mir entgegen,
schöner und größer und lieblicher denn je.

Voll Freude kann nun mein Ruf wi(e)der hallen
Anovaoo`oh!
Wenn wir als Falken über den Wolken spielen,
als Erde und Wasser umarmen,
im Lächeln der Wellen versinken,
im Feuer verbrennen und wieder erstehen.
Alles seiend als Du und ich.

*„Anovaoo`oh" ist ein Frauenname der Cheyenne-Indianer und
bedeutet „Falkenfrau", „wunderschöne Frau"*

Waldauge

Hinter allen Bäumen
Hinter allen Wäldern
Wartest Du
Blickst durch alle Zwischenräume
Strömst in stiller Ruh'.

In Dein Reich tritt,
Wer der Bäume Tanz gesehen,
Wer im Harz der Tannen,
seine eig'nen Tränen sah.
Der sieht in Deinem Auge,
was je geschehen war.

Goldener Duft unendlich langer Zeiten,
Hauch von Blüten, warmer Erde, trockner
                              Tannennadeln,
Zartheit Deines Blätterkleides,
Flor der Nacht und Hall der Dunkelheit,
Traum des Tages, Schillern Deiner Farbigkeit
Fliegen mir entgegen.

So reis' ich hinter alle Horizonte,
Fühle Deine, meine Gegenwart.
Braun des Waldes
Blau der Seen
Grün der Wiesen,
Die im Sonnenlicht erzittern.

Klingen großer Weiten
Flammt aus Deinem Auge.
Liebe aller Zeiten
Ist's, was ich Dir geben kann.

Hinter allen Bäumen
Hinter allen Wäldern
Wartest Du
Blickst durch alle Zwischenräume
strömst in stiller Ruh'.

Spüren möcht' ich Deine Elemente
In meines Feuers Widerschein.
Will Felsen Deiner Brandung sein,
Als Sturmwind über Deine Wogen eilen
Und mit der Gewitter dunklen Wolken
In Deinem schwarzen Meer verschmelzen.
Will wiegend kräuselnd Deinen Strand
umspielen,
Will Berg an Berg mit Dir die Täler hüten,
Als Wasser Deine Schluchten füllen.
Als Vogel in den Bäumen wohnen,
Als Nacht Dir warmes Kleid und Ruhe sein.

Dann bist Du da!
In allen Bäumen
In allen Wäldern
In allen Wassern
Wiegst Du Dich
Füllest alle Zwischenräume
strömst in wilder Ruh'.

Weiße Blüte

Dein Blick taucht alles in Unschuld.
Wie Regen reinigt und alle Blätter gleißen läßt,
so fließt Liebe über mich.
Und ich fühle mich wahr.

Wo bist Du gewesen?   Wo bin ich gewesen?
Wo habe ich Dich verloren?   Wo habe ich mich verloren?

War es als ich Kind war
Und mein Herz zu klein
Und meine Angst zu groß?

Als ich den Schmerz im Herzen begrub
Und meine Einsamkeit als Sehnsucht
zwischen meine Beine legte.

Wie hätte ich Dich da finden können?
Meine große Liebe pochte unstillbar
Tränen und Freude im Herzen
Zwischen den Beinen eine Lust voller Schmerzen.

Sehnsüchtig klopfte das Herz ans Geschlecht,
voller Liebe will strömen die Lust empor.
Wellenmeer und Wellental –
Das Meer sieht sich zu in seiner Bewegung.

Wo bist Du gewesen?
Wo habe ich Dich verloren?

In tausenden von Jahren
Habe ich Dich erkundet,
mein Herz, meine Geschlechter, meine Körper.
Tauchte tief in mein Geschlecht
Und brachte Blumen und Dornen hervor.
Tauchte tief in mein Herz
Und wanderte durch Einsamkeit und Trauer.
Fand in der Trauer die Liebe
Und im Schmerz mein Herz.
Ich weilte im Körper,
Genoß seine Kraft und seine Zartheit,
das Tier und das Feuer.

Und eines Tages kam der Ruf.
Gischt und Wogen und Täler und Ebbe und Flut,
Sie sind der Wellen Spiel.
Tauch ich hinein,
Find ich meine Unschuld wieder.
Wogendes Meer – alles bist Du aus Dir.
Da begegne ich Dir, die dasselbe bewegt.

Unschuld

Wie kommt es,
Dass ich vor Dir
In reine Unschuld falle?
Von Neuem in der Liebe Hochgenuß
Dich zart erkunden darf,
Als Knabe, Jüngling, Mann.

Ich finde Dich –
Du bist in mir
Und doch da draußen.

Erkundend weißer Blüten Zier,
Ein Spiel, das keine Ziele kennt.
Nur sich – als hätt's nie anderes gegeben.

Da wacht nun auf der Elemente Kraft
In voller Reinheit, Wildheit – wundervoll.
Das Spiel erweitert sich –
Ist wilder Strom
Und kleiner Bach,
Ist Hurrikan
Und warmer, lauer Wind,
Die alle unsere Reise führen.

Fallen

Langsam die schweren Augen öffnend,
während im Bauch das Blei ruht,
merke ich, dass ich gefallen bin.
Unendliche Höhe – wie fern bist Du mir.
Unendliche Weite – wie ängstigst Du mich.

Eingeschlossen in Stein
Pocht nun mein Herz
Tief unten am Grunde des Meeres,
Tief unten am Ende der Welt,
In Zweifeln gefesselt.

Eingeschlossen im Fels
Im Anblick der Brandung
Suche ich sehnsüchtig Dein Antlitz
Und Deine Wellen küssen meine Härte
Voller Furchen der Angst.

Das Pochen meines Herzens
Will klingen im Meer.
Der Rhythmus der Wellen
Will singen im Stein.

In weiter Ferne klingt ein Echo,
Zarter Hall wogender Fluten,
Sanftheit der Sterne.
Erinnerungen singen ihr Lied
Und die Herzen raunen sich Liebe zu.

Angst – ziehe Deine Fesseln enger!
Zweifel – schnüre mich fester!
Laßt mich mein Herz stärker fühlen!
Holde Angst – in stärkster Spannung
Reißen Deine Fesseln!

Und ich trete aus dem Felsen hervor,
Spüre das Lied meines Herzens
In meinem Körper,
In allen Felsen und Meeren,
In allen Menschen.

Da sehe ich Dich ganz
In allen Elementen.
Nie warst Du getrennt,
Immer mir Brandung und Meer.
Sanft ruhte Dein Auge auf meinem Schmerz
Und Deine Lippen küssten meine Zweifel.
Und ich sehe, daß auch ich immer bei Dir war.

Im Rosengarten

Hauch von Zartheit
Duft der Schönheit
Vielfalt aller Farben
Taumeln mir entgegen.

Augen voller Tiefe
Kennen jedes Fühlen:
Blicke voller Milde
Blinzeln leichter Freude
Unschuld neben Rausch
Traurigkeit voll Edelmut.
Weisheitslächeln liegt im Tanz,
Den die Blütenblätter zaubern.

Schwelgen weicher Formen
Kraftvoll aufgerichtet.
Verführung haucht zur Seele hin
Öffnet Herz und öffnet Sinne.

Und im langen Laubengang:
Geht mein Blick zurück,
Seh' ich meinen Weg im Farbenklang.
Fällt mein Blick nach vorn –
Traumlandschaft, Du ziehst mich an.

Rosen hüllen ein mein Leben.
Tausend Rosen, tausend Welten
Tausend Weisen zaubern Wonne
Tausend mal stehst Du vor mir.

Begegnung

Im Dunkel kommen wir uns entgegen –
Ohne Worte.
Der Wald ruht im Dämmerschein.
Die Eule ruft.
Stille.

Erst ganz in der Nähe erkennen wir uns,
obwohl wir wussten,
dass wir uns hier finden.
Stille.

Die Herzen berühren sich.
Die Worte schweigen.
Jeder für sich.
Stille.

Weiche Hände berühren sich,
Körper und Münder verschlossen.
Eingesperrt im einzelnen Sein
Taucht jeder in seinen Grund.
Stille.

Arme recken empor,
suchen Halt –
und die Körper sind bewegungslos
unter der weichen Decke des Waldes.
Stille.

Ich darbe mit Dir.
Blätter welken,
Knospen sprießen,
Blüten wachsen Dir entgegen.
Stille.

Das pulsierende Herz
Dringt langsam in den Körper vor,
sich dehnend, weitend,
um Deinen Schmerz zu fühlen.
Ich finde meinen
Und ertaste Deinen.
Oh Fremde – selbst Dir fremd –
Wie kann ich Dich finden?

Dornen

Einst blühte der Rosengarten,
Fühlend seine Schönheit
Im Wachsen, Sprießen, Vielfalt-Sein.

Trauernd wirft er Blütenblätter ab,
Zeigt Dornen Deinen Händen, Füssen.

Dornen – sie erinnern Dich,
Dass Du einstmals hast gelebt
Der Rosen weiche Pracht,
Die im Innern Dir erblühten.

Jetzt, als Du Dich verlassen glaubst,
Verschwindet sanfte Farbigkeit,
Dornen stechen, wecken, suchen Dich.

Du bist so fern
Glühst hinter Deinem Horizont,
In Trauer ist gehüllt mein Herz.

Ganz nah ruhst Du bei Deiner Seele.
Wie im Winter,
Wenn Blumen unter Schneekristallen
Von ihren Sternenblüten träumen,
Ehe sie – von der Sonne geweckt –
sich selbst gebären.

Nacht

Alle meine Geheimnisse,
Alle meine Schmerzen
Kennst Du.

Du bist der große Garten,
Aus dem jeder neue Tag steigt.
Nacht meine Beschützerin,
meine große Mutter und Gebärende.

Nacht,
Du birgst die großen Qualen,
Die in mir schlummern –
Und den Mut.

Nacht,
Du bist die bergende Dunkelheit
Und jenes unwirkliche Licht,
das der Tag nicht kennt.
Das Licht, das in der Dunkelheit ruht
Und hinter allen Tagen schweigt.

Nacht,
Du läßt mich fühlen,
was der Tag verschweigt.

Rosen

Rosen welken, fallen weit
Träumen von der Ewigkeit.
Herbstwind trägt den letzten Zauberduft
Flimmernd durch die warme Luft.

Und der Rosen tausend Farben,
Die sich in mein Herz gegraben,
Ihre Kelche voller Zartheit, Liebe,
Die ich in den Sommernächten trank -
Sind Erinnerung geblieben.

Rosengarten – Deine Liebe, Deine Pracht
Hat mich reich und hold und stark gemacht.
Bin erfüllt von tausend Küssen,
Von den Farb- und Formgenüssen –
Tausendfach seid ihr in mir.

Seh' ich welken eure Blüten,
Fühl' ich eure Gaben, will sie hüten.
Kann jetzt geben tausendfach,
Was in euren Kelchen lag.

Nun lebt mein Herz im Rosengarten
Und sieht in Dir und mir die Blüten.
Es ist an uns, sie zart zu hüten
Und nicht auf nächsten Sommer warten.

Erfüllte Herzen welken nicht.
Sie sehen Rosen kommen, Rosen gehen.
Mein Herz, es spricht
Und wird Dich immer voll in Blüte sehen.

Wenn jetzt mein Blick auf kahlen Rosenbüschen
weilt,
Wenn nun mein Auge durch die kalten Gärten eilt,
Fühl' ich Deine Pracht so nah,
Die ich letzten Sommer sah.

Deine Rosen, meine Liebe, welken nie,
Sind in Deinem, meinem Herzen da.
Fliegend durch Äonen, seh' ich sie.
Sind mir jederzeit so nah.

Rosen, blühend – Bilder meiner Liebe,
Sind zu meinem Leib geworden.
Unsre Herzen, Körper leben sie
Kennen keine Zeit, nur Ewigkeit.

Sommer der Vergangenheit

Der Sommer der Vergangenheit
Sinkt nun auf den Meeresgrund.
Glatte Wasseroberfläche
Spiegelt nur die Bäche,
Die einstmals Tränen waren
Als der Traum zerrann.

Als zwei getrennte Meere
Bergen wir den alten Traum
Vom wunderschönen Rosenbaum,
der zu schwer war und versank..

Nun kehrst Du in den Wald zurück
Mit Trauerschleiern um den schönen Blick,
als wärst Du niemals wahr gewesen.

Ich leg mich zu dem Traum am Meeresgrund
Und werde schlafen lange Zeit.
Als Felsen seh' ich in die Ferne,
Wohin der Ebbe Kraft das Wasser zog,
Und roll' als Meer die tausend Tränen vor mir her.

Liebe brennt

Liebe brennt
Und will erklingen
Will täglich tausend Lieder singen
Mit Dir.

Tausend Lieder,
Die der Alltag schenkt,
Tausend Lieder,
Die die Arbeit bringt
Mit Dir.

Kleine Ängste,
Alte Wunden
Sorgsam noch verborgen
Ungewohnte dauerhafte Nähe
Fordern Kräfte
Vieler Sinfonien.

Schwungvoll, machtvoll
Brausen Klänge durch Äonen,
Dass nicht stillsteht
Dieser Liebeszauber.

Doch des Lebens schwere Bürden
Erweiterung und viele Hürden
Lassen kraftlos werden.

Kennst Du nicht mehr Kinderseele
Mit der Kraft der Freude?
Weißt Du von der Kraft in Bürden?
Resigniert kehr ich in mich zurück?

Wandlung

Als ich misshandelt wurde
Und mich in tiefstem Elend wähnte
Floh ich.

Als ich gedemütigt wurde
Von denen, die ich liebte,
Zog ich mich zurück.

Liebe und Schmerz wohnen nun dicht
                              beieinander.
Und meine Einsamkeit dauerte ewig.

Nie finde ich den Weg,
Der zu meiner Unschuld führt.
Nie werde ich wissen,
Was Reinheit ist!

Ich hasste
Meinen Hass,
Meine Trauer,
Meinen Schmerz.
Wie habe ich geschrien,
Gehadert und gehasst:
Mich und meine Peiniger.
Nie dachte ich daran,
Dass ich beide war.

Nach langer Zeit
Fiel ein Stern in mein Herz
Und ich fühlte das Neue:
In meiner Flucht
Beherrschten mich meine Peiniger
Und ich dachte ihre Gedanken.

Als meine Seele floh,
ließ sie meinen Körper, meinen Geist zurück.
Doch wer hätte beide besser schützen können?

Und der Stern in meinem Herzen glühte
Und breitete sich in meinem Körper aus.
Als ich mich liebte,
Meine Gedanken, Gefühle, meinen Hass,
Fiel Unschuld über mich
Und ich gebar mich in Reinheit.

Wie könnte mir einer schaden?
Wie hätte mir einer schaden können,
Wenn ich es nicht selbst denke?

Laurenz Hildebrandt

Laurenz Hildebrandt ist 1948 am Chiemsee geboren. Er ist Autor, Coach, Initiator und Veranstalter künstlerischer Events. Er war viele Jahre als Berater, Redakteur und Gestalter in der Industrie und im künstlerischen Bereich tätig.

Neben seinen drei bisher veröffentlichten Gedichtbänden hat er auch eine CD mit einer Auswahl seiner Gedichte produziert, die er pulsierend mit der Trommel vorträgt.

Neben seiner dichterischen Arbeit ist er mit ganzem Herzen Coach, Begleiter und Impulsgeber für andere Menschen, die eigene Wahrheit zu erfahren und zu leben.

www.worldart-events.de

Weitere Veröffentlichungen von Laurenz Hildebrandt

Gesang des Wassers

(Gedichte 2008-2009)

Ruhe • Göttin • Wehen • Sinn • Zwei Veilchen • Berg • Gesang des Wassers • An Nils Tannert • Antigone • Abend • Zwei Seelen • Das Pergament • Deine, meine Augen • Meine Sinne • Nebelträume • Angelsword • Belle-de-nuit • Das Meer • Heute Nacht • Meine Ohren weinen • An Dich Soraya • Ja • Spiegelnder See • Das Werk der Liebe • Hosianna • Wir weben • Lawrence • Lawrence II • Wo die Quelle eins ist mit dem Meer • Berges Stimme • Handtaschen • Weihnachten • Das neue Jahr beginnt • Ich bin die Nacht • Fühlend sinnt der Körper • An Dich • Ich halte Dich • Kirschblüten • Schwarze Rosen • Heilige Pfeife • Liebe • Worte

In diesem Band sind die neuesten Gedichte vereint, die das Spiel der Polaritäten und die darin wohnende Kraft und Liebe besingt. In den Naturelementen, in Mann und Frau, Tag und Nacht, in Sichtbarem und Unsichtbarem, im Schicksal klingt die Musik des Lebens — als eigene Erfahrung und Empfindung, als Berührung und Berührtwerden. Hier ist die Sprache der Rhythmus, der Inhalt die Melodie, in denen sich Zartheit und Sturm, Weichheit und Härte, Heiterkeit und Tiefe begegnen.

92 Seiten, 9 farbige Abbildungen. BOD-Verlag, 12.- €
ISBN 978-3-8391-2162-7

So oder so – ist das Leben

(Gedichte 2005-2007)

So oder so – ist das Leben • Geburtstag (Eulen) • Ich bin ein Kind des Waldes (Rumpelstilzchen) • König Laurins Rosengarten • Mitleiden • Herbst • Hände (Borneo) • Gesang des Orpheus • Mythen • Nacht II • Paradies • Der König vom Mummelsee • Christkind • Orphischer Anfang • Ödipus und die Sphinx • Worte • An Orpheus • Sturm • Reise • Das Welten-Ich • Buba

Dieser Band enthält viele Balladen, welche Mythen, Sagen und Märchen neu erzählen: Sie werden entdeckt als Wegweiser für die Rätsel des eigenen Lebens und decken in vielschichtigen Bildern die Höhen und Abgründe auf - auf dem Weg zur Wahrnehmung der eigenen Größe. Authentisch und offen entschleiert der Autor sich selbst, um sich dann auf diesem Weg als ganz zu entdecken.

88 Seiten, ca. 20 meist farbige Abbildungen. BOD-Verlag, 13.- €
ISBN 978-3-8391-0652-5

**Ausgewählte Gedichte
vom Autor pulsierend mit Trommel vorgetragen**

CD mit 15 ausgewählten Gedichten

Worte · Wer bin ich? · Deine Augen, meine Augen · Meine Ohren
weinen · Das Welten-Ich · Erde · Geliebter Stein · Berg ·
Gesang des Wassers · Belle-de-nuit (Wunderblume) · Abend ·
Geburtstag (Eulen) · Et in Arcadia Ego · Orphischer Anfang ·
Ödipus und die Sphinx.

Spieldauer ca. 74 min.

Zusätzlich auf der CD: Die 15 Gedichte als Gedichtband zum
Ausdrucken mit farbigen Abbildungen (PDF-Datei). 20.- €

Erhältlich nur beim Autor: laurenz.hildebrandt@t-online.de

Lebensimpulse

Begleitung und Impulse in **Einzelsitzungen** und **Seminaren**, um die eigene Wahrheit zu leben, sich als ganz zu erleben.

Visions- und Projektfindung / Seine Vision leben

Für Paare oder Einzelpersonen: Konflikte, die von verborgenen Träumen sprechen – Verstrickungen lösen - Die innere Frau, den inneren Mann entdecken und leben - Von der Be-ziehung zur Liebe - Sich ganz leben und die Grenzenlosigkeit der Liebe erfahren...

Mythen und Märchen als Wegweiser: Vom Schicksal – Den Ruf (die Berufung) annehmen - Den Weg des Findens gehen ...

Atem-Meditation: Sich fühlen und ganz annehmen...

Energiemassage: Öffnen zu sich selbst – Sich selbst genießen...

Meine Arbeitsweise umfasst eine Vielzahl von Methoden, die u.a. aus der Bioenergetik, der Gestalttherapie, der Atemtherapie, Tanz und Klang der Seele, der Mythologie, der systemischen Aufstellung und anderen therapeutischen und kulturellen Bereichen stammen oder aus der eigenen Arbeit entstanden sind. Ich setze sie da ein, wo sie gebraucht werden und begleite jeden Menschen auf seinem Weg, um seine Fähigkeiten zu entwickeln, seine Melodie entdecken, seinen Lebenssinn zu verwirklichen.

Laurenz.hildebrandt@t-online.de